U0100272

大展好書　好書大展
品嘗好書　冠群可期

大展好書　好書大展

品嘗好書　冠群可期

彩色圖解
太極武術
7

42式太極劍

+VCD

李德印 演述

竺玉明 VCD

大展出版社有限公司

國家圖書館出版品預行編目資料

４２式太極劍 ／ 李德印 演述；竺玉明 示範
－初版－臺北市：大展，2004【民93】
面；21公分－（彩色圖解太極武術；7）
ISBN 978-957-468-275-1（平裝附影音光碟）

1. 劍術

528.972　　　　　　　　　　　　　92022024

４２式太極劍 (附 VCD)

編 著 者／李　德　印
示　　範／竺　玉　明
責任編輯／佟　　　暉
發 行 人／蔡　森　明
出 版 者／大展出版社有限公司
社　　址／台北市北投區（石牌）致遠一路 2 段 12 巷 1 號
電　　話／(02) 28236031・28236033・28233123
傳　　真／(02) 28272069
郵政劃撥／01669551
網　　址／www.dah-jaan.com.tw
E-mail／service@dah-jaan.com.tw
登 記 證／局版臺業字第 2171 號
承 印 者／凌祥彩色印刷有限公司
裝　　訂／眾友企業公司
排 版 者／順基國際有限公司
授 權 者／北京體育大學出版社
初版 1 刷／2004 年（民 93 年）3 月
初版 3 刷／2009 年（民 98 年）1 月　　　　　　　定價／350 元

４２式太極劍

　　42式太極劍是中國武術研究院繼「42式太極拳競賽套路」之後，於1991年組織有關專家創編的太極劍競賽套路。這套太極劍作為競賽規範套路，其動作規格、數量、級別、演練時間完全符合武術競賽規則的要求，而且在編排、結構和佈局上也獨具匠心。

　　42式太極劍內容充實，取材廣泛，吸取了楊、吳、陳各流派太極劍及武當太極劍的精華，表現了太極劍輕緩連綿，動中寓靜，剛柔相濟，重意不重力的風格特點。同時，在劍法和形神的表現上，又加以豐富和創造。全套42個動作包括22種劍法、10種步型、3種不同發力以及多種步法和平衡造型，不僅內容大為豐富，而且融不同技法為一體，大大提高了套路的觀賞性、技巧性、競賽性和健身作用，從而受到太極劍愛好者的廣泛歡迎。

1．起　勢	15．進步絞劍	29．弓步劈劍
2．併步點劍	16．提膝上刺	30．後舉腿架劍
3．弓步削劍	17．虛步下截	31．丁步點劍
4．提膝劈劍	18．左右平帶	32．馬步推劍
5．左弓步攔	19．弓步劈劍	33．獨立上托
6．左虛步撩	20．丁步托劍	34．進步掛點
7．右弓步撩	21．分腳後點	35．歇步崩劍
8．提膝捧劍	22．仆步穿劍	36．弓步反刺
9．蹬腳前刺	23．蹬腳架劍	37．轉身下刺
10．跳步平刺	24．提膝點劍	38．提膝提劍
11．轉身下刺	25．仆步橫掃	39．行步穿劍
12．弓步平斬	26．弓步下截	40．擺腿架劍
13．弓步崩劍	27．弓步下刺	41．弓步直刺
14．歇步壓劍	28．左右雲抹	42．收　勢

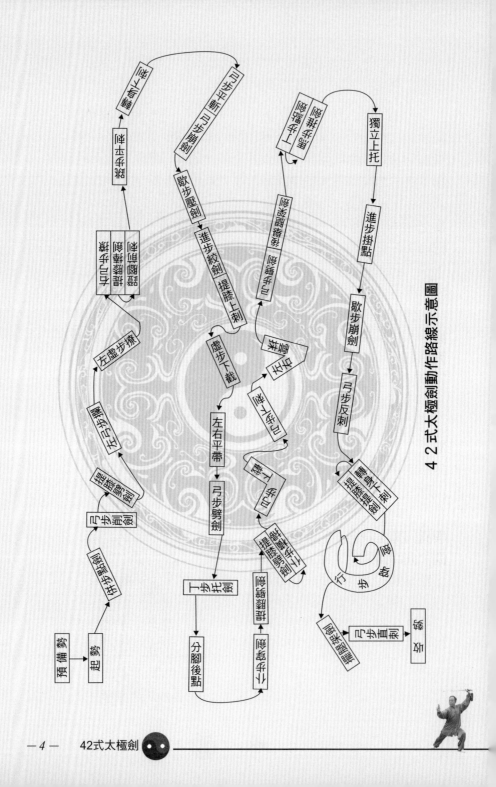

42式太極劍動作路線示意圖

預備勢

　　兩腳併攏，腳尖朝前；暢胸舒背；身體直立，兩臂自然垂於身體兩側。右手招成劍指，手心朝裏；左手持劍，手心朝後；劍身豎直貼靠在左臂後面，劍尖朝上。目視前方（圖1）。

【動作要點】

　　全身保持自然中正，精神集中。頭頸端正，下頜微收，兩肩鬆沉，呼吸平穩。

【易犯錯誤】

　　①挺胸挺膝，身體緊張。

　　②劍身傾斜，劍刃觸及身體。

（一）起　勢

　　左腳提起向左分開半步，與肩同寬；身體重心在兩腿中間。同時兩臂微屈略內旋，兩手距身體約１０公分。目視前方。（圖2）

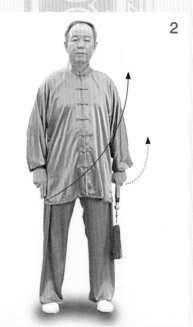

　　兩臂自然伸直向左前方擺
舉至與肩平，手心朝下。
（圖3）

　　隨之上體略右轉，
隨轉體右手劍指右擺，
至右前方後屈肘向下畫
弧至腹前，手心朝上；
左手持劍右擺後屈肘置
於體前，腕同肩高，手
心朝下；兩手心相對；
同時重心左移，左腿屈
膝半蹲，右腳收提至左
腳內側（腳不觸地）。
目視右前方。（圖4）

右腳向右前方（約４５度）上步，同時右手劍指經左臂下向前上方擺舉，臂微屈，腕同肩高，手心朝內；左手持劍附於右前臂內側（劍柄在右前臂上方），手心朝下。（圖5）

繼而，身體重心移向右腿，左腳跟至右腳步內側後方，腳尖點地。同時右手劍指向右前方伸送，手心斜向上；左手持劍屈肘置於右胸前，手心朝下。目視劍指方向。（圖6）

7

重心微左移，右腳尖內扣，身體左轉（約90度），左腳向左前方上步，隨之重心前移成左弓步；同時左手持劍經膝前向左畫弧摟至左胯旁，臂微屈，手心朝後，劍身豎直，劍尖朝上；右手劍指屈肘經右耳旁向前指出，手心斜朝前，指尖朝上，腕同肩高。目視前方。（圖7、圖8）

【動作要點】

①提腳抱劍時，兩臂舉擺轉抱要與重心移動和腰部旋轉協調配合。上體始終保持中正安舒，不可左右扭擺或俯仰。同時兩肩要鬆沉，兩臂要鬆活。

②弓步前指時，右腳扣轉重心要平穩微移，身體不可晃動；左腳上步要輕靈，先以腳跟著地，再移動重心踏實全腳。

8

③設定面向南起勢，丁步方向為西南，弓步方向為正東。

【易犯錯誤】

①擺臂僵直。

②身體扭晃、搖擺、俯仰。

③上步落腳沉重。

④抱劍時收腳點地。

⑤定勢時劍身傾斜。

（二）併步點劍

　　重心前移，右腳經左腳內側向右前方（約45度）上步，隨之重心前移，右腿屈弓，左腳收提至右腳內側。同時左手持劍經胸前向前穿出至右腕上（劍柄貼靠右腕）。繼而兩手分別向左、右兩側擺舉後屈肘向下畫弧置於胯旁，手心均朝下。目視前方。
（圖9、圖10、圖11）

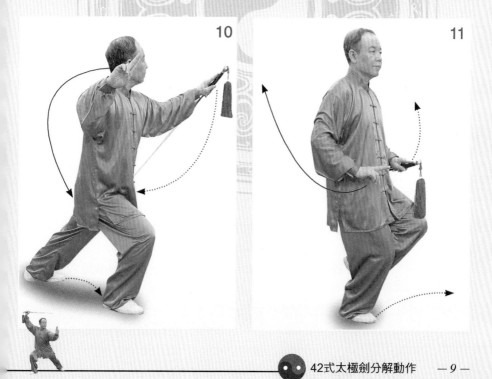

左腳向左前方（約45度）
上步，隨重心前移成左弓步；
同時兩手側分擺舉，略高於
肩，隨之向前畫弧於體前相
合，高與胸齊；左手心朝外，
臂呈弧形；劍身貼靠左前臂，
劍尖斜朝後；右手扶於劍柄準
備接劍。目視前方。
（圖12、圖13）

14

身體重心前移，右腳向左腳併步，屈膝半蹲；同時右手接握劍柄，隨以腕關節為軸，使劍尖由身體左後方經上向前畫弧，至腕與胸高時，提腕使劍尖向前下方點劍；左手變劍指附於右腕內側。目視前方。（圖14、圖15）

【動作要點】

①穿劍與上步一致；兩手分擺與弓步一致；兩手內收與提腳一致。兩臂皆要自然微屈，劍身與左前臂時分時合，隨其自然。

②右手接劍要靈活連貫。

③點劍時伸臂提腕，沉肩頂頭，上體正直，劍尖由上向前下點擊，力點貫注劍端。

④併步時兩腳平行靠攏，屈腿落臀，方向東北。

15

【易犯錯誤】

①上步方向不準確；落腳沉重，收腳突然。

②右手接劍忙亂、停頓。

③併步點劍時俯身突臀，聳肩提肘；握劍太死，力點不在劍端，形成劈劍。

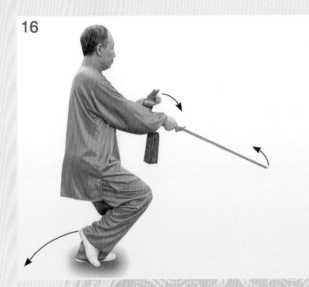

（三）

弓步削劍

身體重心移至左腿，右腳跟提起。同時右手握劍沉腕旋臂，變手心朝上，使劍尖畫一小弧指向左下方；左手劍指屈肘附於右前臂內側，手心朝右，指尖朝上。目視劍尖方向。（圖16）

右腳向右後方後撤步，腳跟著地，隨身體重心右移，右腿屈膝，左腳跟外展成右弓步；身體右轉（約90度）。（圖17）

同時右手握劍隨轉體向右上方斜削，腕同肩高，手心斜向上；左手劍指左擺置於胯旁，手心斜朝下，指尖朝前。目視劍尖方向。（圖18）

【動作要點】

①沉劍動作要柔和，以沉腕、旋臂帶動劍尖畫一小弧，兩手上下合於體前。

②撤步為常用步法，指一腳向後或側後方移動半步。例如併步腳後退半步、前腳後收半步等。此處右腳撤步以腳跟先著地，應與轉腰展胯相配合。初學者如感困難，可改為腳前掌先著地，再碾轉腳跟朝向正南。

③削劍動作應與轉腰、揮臂、弓步協調一致，以腰帶臂，以臂運劍，最後右臂與劍成直線斜向右上方，並與右腿上下相對。

④削劍時平劍自左下方經胸前向右上方斜向削出，手心斜向上，劍尖略高於頭。力點沿劍上刃由後向前滑動。

【易犯錯誤】

①沉劍生硬，繞弧過大。

②撤腳落步重心不穩。

③削劍與腰、腿配合不協調。上體前傾；腿快手慢；腰手脫節；右臂右腿不對應。

（四）
提膝劈劍

　　左腿屈膝，身體重心後移，上體隨之略向右轉，右腳尖翹起外擺；同時右手握劍屈肘向右、向後畫弧至體右後方，手心朝上，腕略高於腰；左手劍指向前、向右畫弧擺至右肩前，手心斜朝下。目隨視劍尖。（圖19）

　　身體略向左轉，重心前移，右腳掌踏實，左腿屈膝提起成右獨立步；同時右手握劍向前劈出，劍、臂平直；左手劍指經下向左畫弧擺舉至與肩平，手心朝外，指尖朝前。目視劍尖。（圖20、21）

21

【動作要點】

　①轉腰與擺劍協調一致。獨立與劈劍協調一致。

　②獨立步時，上體豎直，頂頭立腰；左腿屈膝高提過腰，左腳繃平護於襠前；右腿獨立站穩，右腳趾扣地。

　③劈劍為立劍自上而下，力達劍身下刃。本勢劈劍方向為西南，右臂伸直，左臂側撐，兩臂皆與肩同高。

【易犯錯誤】

　①獨立時團身屈腿，重心不穩。

　②劍指高舉或後伸。

　③屈腕點劍，劈與點不分。

（五）左弓步攔

　　右腿屈膝半蹲，上體略左轉，左腳向左落地，腳跟著地；同時右手握劍以腕關節為軸使劍尖在體前順時針畫一小圓弧；左手劍指向右畫弧，擺於右前臂內側，手心朝下。目視劍尖方向。（圖22）

　　身體左轉（約90度）；隨重心前移，左腳踏實，右腳跟外展成左弓步；同時右手握劍，隨轉體經下向左前方畫弧攔出，手心斜朝上，腕同胸高；左手劍指經下向左、向上畫弧，臂呈弧形舉於頭前上方，手心斜朝上。目視劍尖方向。（圖23）

①落腳上步與繞劍一致；弓步與攔劍一致。

②弓步方向斜向東北；攔劍方向正東，上體保持鬆正。

③左腳上步應腳跟先落地，重心保持平穩。初學者如感困難，可用退步代替，先以腳掌落地，再碾腳轉身弓腿成左弓步。

④攔劍為劍下刃自下向前阻攔。劍身斜向右前下方；劍把高不過頭，低不過胸；劍尖高不過胸，低不過腰。力在劍下刃。

【易犯錯誤】

①左腳上步沉重不穩；右手繞劍擺弧過大。

②攔劍時舉劍過頭形成托劍；劍身平直形成撩劍。

③上體歪扭、傾斜、前俯。

④劍指上舉時，左臂過直或過屈。

（六）

左虛步撩

右腿屈膝，重心稍後移，左腳尖翹起並稍外展，上體左轉。劍上舉畫弧。（圖24）

24

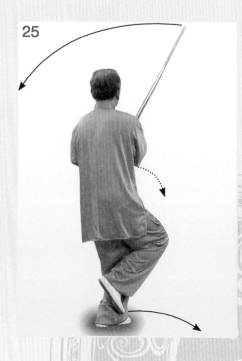

25

隨重心前移左腳落地踏
實，上體略右轉，右腳向右
前方上步，腳跟著地。同時
右手握劍隨轉體屈肘向上、
向左畫弧至左胯旁，手心朝
裏，劍尖斜朝後上方；左手
劍指下落附於右腕部。目視
劍尖方向，再轉看上步方
向。（圖25、26）

26

身體右轉，右腳尖外展，隨重心前移落地踏實，右腿屈膝半蹲；左腳向左前方上步成左虛步；同時右手握劍向左前上方立圓撩至頭前上方，臂微屈，手心朝外，劍尖略低於手；左手劍指附於右腕部。目視左前方。（圖27）

【動作要點】

①繞劍應與轉體、揮臂協調一致；撩劍與左上步協調一致。繞劍路線成貼身立圓，定勢方向為東南。整個動作保持連貫圓活，身械協調。

②撩劍為立劍自下向上反手撩擊。力點在劍下刃前部。本勢為右臂內旋稱正撩劍。如右臂外旋撩出稱反撩劍。

（七）右弓步撩

身體略向右轉，左腳向左移步，腳跟著地；同時右手握劍向右畫弧至身體右上方，腕稍低於肩，臂微屈，劍尖朝右上方；左手劍指屈肘落於右肩前，手心斜朝下。目視劍尖方向。（圖28）

身體左轉，隨重心移至左腿，左腳尖外展落地踏實，繼而右腳向前上步，隨重心前移成右弓步。同時右手握劍經下向前立劍撩出，腕同肩高，手心斜向上，劍尖稍斜向下；左手劍指向下、向左上方畫弧，臂呈弧形舉於頭側上方，手心斜朝上。目視劍尖方向。（圖29、圖30）

【動作要點】
①繞劍貼近身體成立圓，轉腰揮臂，幅度宜大，且要勢動神隨。
②上步輕靈平穩，虛實分明。
③撩劍定勢為正東。力達劍下刃前部。

【易犯錯誤】
①繞劍與腰臂脫節，立圓不近身，幅度不大。
②撩劍上下脫節，劍快腿慢。
③劍身過於傾斜，形成攔劍。

（八）

提膝捧劍

左腿屈膝半蹲，重心後移，身體略向左轉；同時右手握劍隨轉體向左平帶，手心朝上，腕同胸高，劍尖朝向右前；左手劍指屈肘下落附於右腕部，手心朝下。目視劍尖。（圖31）

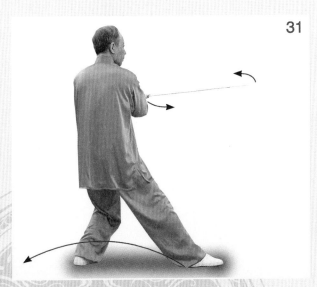

身體略向右轉，右腳向後撤步。（圖32）

33

隨重心後移成左虛步；同
時右手握劍隨轉體手心轉向
下，使劍經體前向右平帶至右
胯旁，劍尖朝左前；左手劍指
向下、向左畫弧至左胯旁，手
心朝下。目視前方。（圖33）

34

左腳向前活
步，重心前移。
（圖34）

左腿自然直立，右腿屈膝提起成左獨立步；同時兩手手心翻轉朝上隨提膝由兩側向胸前相合，左手劍指捧托在右手背下，與胸同高；劍尖朝前，略高於腕。目視前方。（圖35）

【動作要點】

①左右轉體帶劍時以腰帶臂，以臂領劍，使步、腰、臂、劍協調一致。劍左右擺動要柔和、連貫、平穩。

②捧劍與提膝獨立協調一致；提膝應高過腰部，獨立要支撐穩定。

（九）

蹬腳前刺

兩手捧劍略向後收引。（圖36）

左腿直立，右腳以腳跟為力點，勾腳向前蹬出。同時兩手捧劍向前平刺。目視劍尖方向。（圖37）

【動作要點】

①蹬腳時縮髖、立腰，上體保持中正舒展；腳高超過水平。

②收劍引至腹前；刺劍高與肩平，兩臂鬆沉；定勢方向正東。

③刺劍時臂由屈而伸，與劍身成直線，力達劍尖。刺劍時劍面可平可立，方向可前可後、可上可下，種類多樣。

【易犯錯誤】

①上體團身或後仰；蹬腳低於腰部；重心不穩。

②刺劍聳肩直臂，周身緊張。

③刺劍過程不明顯，兩臂屈伸幅度太小。

38

（十）

跳步平刺

右腳向前落步，隨身體重心前移，左腳離地，兩手捧劍前送伸刺。（圖38）

右腳蹬地向前跳步，左腳前擺落地踏實，腿微屈；右腳在左腳將落地時迅速向左腳內側靠攏（腳不著地）。同時兩手內旋收於兩胯旁，手心均朝下。目視前方。（圖39）

39

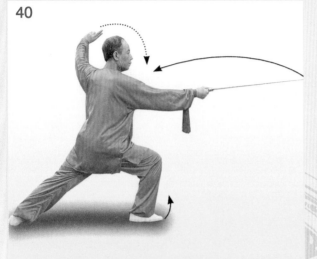

右腳向前上步成右弓步；同時右手握劍經腰部向前平刺，腕同胸高，手心朝上，勁注劍尖；左手劍指經左向上、向前畫弧，臂呈弧形舉於頭側上方，手心斜朝上。目視劍尖方向。（圖40）

【動作要點】

　　①跳步應有兩腳騰空過程，既不要過於縱跳，也不應形成走步。

　　②右腳落地幅度要適當；左腳落地應腳前掌先落，隨即全腳踏實，屈腿緩衝；右腳收於左腳內側後應短暫停靠，再上步平刺。

（十一）轉身下刺

　　左腿屈膝，重心後移；右
腿自然伸直，腳尖上翹。同時
右手握劍向左、向右平帶屈肘
收至胸前，手心朝上；左手劍
指屈肘置於胸前，手心向下；
劍身平貼於左前臂下，兩手心
斜相對；目視前方。（圖41）

　　右腳尖內扣落地，重心移
至右腿；繼而以右腳掌為軸身
體左後轉（約270度）；左腳
屈膝提起收至右腳內側（不著
地），兩手合於右腰間。目視
左前方。（圖42）

42式太極劍分解動作

43

左腳向左前方落步成左弓步。同時右手握劍向左前下方平劍刺出，手心朝上；左手劍指向左、向上畫弧，臂呈弧形舉於頭前上方，手心斜朝上。目視劍尖方向。（圖43）

【動作要點】

①收劍時轉腰屈臂擺劍；收劍後仍轉向正東。

②提腳轉身應輕靈、平穩、連貫，上體保持正直。

③弓步刺劍手腳要協調一致；定勢時上體略向前傾，方向東南。

【易犯錯誤】

①轉身時上體前俯或後仰；左小腿外展鬆開。

②弓步刺劍，劍未從腰間刺出。

44

（十二）弓步平斬

重心前移，右腳收提於左腳內側（腳不觸地）。同時右手握劍沉腕，手心斜朝上；左手劍指屈肘向前附於右前臂上。目視劍尖。（圖44）

右腳向右後方退步，左腳碾步內扣成右橫襠步；身體右轉（約90度）；同時右手握劍向右平斬；左手劍指向左分展側舉，略低於胸，手心朝左，指尖朝前。目視劍尖。

（圖45、46）

【動作要點】

①斬劍為平劍向左或向右斬頭，力在劍刃，高與頸齊。本勢為劍自左向右平斬，手心向上，方向西南，兩腿左右成側弓步（橫襠步）。

②橫襠步的兩腳應平行向前或略成八字，開胯圓襠，上體微轉。一腿屈弓，膝關節與腳尖大體上下相對；另一腿自然蹬直。

【易犯錯誤】

①斬劍做成斜削劍或平崩劍。

②橫襠步做成弓步，上體扭向正西。

③左劍指分舉過高。

47

（十三）

弓步崩劍

重心左移，身體左轉；隨轉體右手握劍，以劍柄領先，屈肘向左帶劍至面前，手心朝後；左手劍指弧形左擺至左胯旁，手心朝下，指尖朝前。眼看右手。（圖47）

48

重心再右移，左腿經右腳後向右插步成交叉步；同時右手握劍左帶後內旋翻轉手心朝下，向右格帶，腕同胸高，手臂自然伸直，劍尖朝前，與肩同高；左手劍指向左擺舉，高與頭平，手心朝外，指尖朝前。目視右側。（圖48）

重心移至左腿，右腿屈膝提起；同時兩前臂向內畫弧合於腹前，手心朝上，劍尖朝前；左手劍指捧托於右手背下。目視前方。（圖49）

右腳向右落步成右弓步，上體略右轉；同時，右手握劍右擺平崩，抖腕發力，勁貫劍端，腕同肩高，劍尖高於腕，臂微屈，手心朝上；左手劍指向左分展，停於胯旁，手心向下。目視劍尖。（圖50、51）

【動作要點】

①此動作源自武當劍。整個動作要連貫靈活，腰、腿、臂、劍協調一致。最後崩劍為發勁動作，要轉腰、沉胯、垂肘、抖腕，力達劍尖，發勁鬆彈。

②步法移動方向為自東南向西北斜進。定勢弓步方向為西北。

③左腳向右插步後動作不要停頓；右腿屈提捧劍時不要做成獨立步，動作也不要停頓。

④崩劍是以劍刃前端為力點向上或向右點擊，稱為上崩或平崩。

【易犯錯誤】

①動作不連貫，中途停頓割裂。

②重心起伏過大。

③動作腰臂脫節，帶劍不轉腰，單純手臂揮擺。

④發勁不完整，僵硬不鬆活，力點未達劍端。

（十四）

歇步壓劍

身體左轉，重心移至左腿；右腳向左腳後插步，腳前掌著地；同時右手握劍經上向左畫弧，變手心朝下。目平視西南。（圖52）

兩腿屈膝下蹲成歇步；同時右手握劍向下壓劍，臂微屈，腕同右膝高；左手劍指向上畫弧，臂呈弧形舉於頭側上方，手心斜朝上；目視劍尖。（圖53）

【動作要點】

①壓劍為平劍自上而下壓制對方攻勢，力點在劍面，劍尖朝前。本勢歇步壓劍方向轉為西南，劍身距地面約10公分。肩肘鬆沉，上體略前傾。

②插步舉劍時左腳腳跟先向內扭轉，右腳向左插步；同時右手劍自右向上向左畫一小弧，翻轉舉於頭前。

③歇步時後腿膝關節伸於前腿膝窩外側，兩腿貼緊，臀部坐近後腳跟。

【易犯錯誤】

①歇步不穩，前腳尖未外展。

②壓劍距身體過遠，劍尖斜向下，力點不在劍面。

（十五）

進步絞劍

身體略右轉，兩腿蹬伸，左腿屈膝，右腳向前上步成右虛步；同時右手握劍虎口朝前上方，立劍上提，腕同肩高，劍尖略低於腕；左手劍指弧形前擺，附於右前臂內側，手心朝下。目視前下方。（圖54）

右腳向前移步，全腳著地；重心前移；同時右手握劍絞劍；左手劍指向下、向左畫弧側舉，腕略高於肩，手心朝外，指尖朝前，臂呈弧形；目視劍尖方向。（圖55）

左腳向前擺腳上步，重心前移；右腳跟提起；同時右手握劍再次絞劍；左手劍指動作不變。目視劍尖。（圖56）

右腳向前上步成右弓步；同時右手握劍繼續絞劍前送；左手劍指經上向前附於右前臂上；手心朝下。目視劍尖。（圖57）

【動作要點】

①上步要輕靈平穩，重心不可忽高忽低。本勢連續上步，上一步，絞一劍，共上三步，行進方向為西南，與絞劍協調一致。

②絞劍為平劍沿逆時針方向在胸前畫弧一周，手心朝上，劍尖向前，力點在劍刃前端。絞劍時腕關節要鬆活，與劍尖對稱畫圈。

【易犯錯誤】

①上步時重心起伏不穩。

②絞劍生硬，握劍緊張，劍柄不能在掌心運轉，劍尖晃動過大。

③最後絞劍附加了前刺動作。

58

（十六）提膝上刺

　　重心後移，上體略左轉，左腿屈膝半蹲，右膝微屈；同時右手握劍屈肘回抽收至左腹前，手心朝上，劍身平直，劍尖朝前；左手劍指附於劍柄上。目平視前方。（圖58）

　　重心前移，身體略右轉，右腿自然直立，左腿屈膝提起成右獨立步；同時右手握劍向前上方刺出，手心朝上，左手劍指附於右前臂內側。目視劍尖。（圖59）

59

【動作要點】

　　①刺劍指向斜上方，劍尖略高於頭。上體保持端正舒展。

　　②獨立時重心穩定，右腿屈膝上提高於腰部。

　　③定勢方向西南。

【易犯錯誤】

　　①轉腰收劍時右腳尖上翹，上體轉幅過大，收劍時向左擺弧。

　　②獨立刺劍時團身聳肩，緊張搖晃。

（十七）

虛步下截

右腿屈膝半蹲；左腳向左落步，腳跟著地，上體略左轉；同時右手握劍隨轉體屈肘外旋向左上方帶劍，手心朝裏，腕同頭高，劍尖朝右；左手劍指向下向左畫弧至左胯旁，手心斜朝下。目視右側。（圖60）

隨重心左移，左腳踏實，屈膝半蹲，上體右轉，右腳向左移半步，腳尖點地成右虛步；同時右手握劍隨轉體略向左帶後向右下方截劍至右胯旁，劍尖朝左前，與膝同高，勁貫劍身下刃；左手劍指向上，臂呈弧形舉於頭側上方，手心斜朝上。目視右側。（圖61）

【動作要點】

　　①左腳落步方向為東南；虛步定勢為西南，頭轉看西北。

　　②帶劍與轉腰、落腳協調一致；截劍與轉腰、虛步協調一致。

　　③截劍為用劍刃截斷對方攻勢。方向可上可下、可前可後，劍身可立可平，靈活多變。力點達於劍下刃。

【易犯錯誤】

　　①落步與定勢方向不準。

　　②截劍直線下落，形成劈劍。

　　③截劍與虛步不協調，腳快手慢。

　　④定勢時上體右傾，眼看下方。

（十八）左右平帶

　　左膝微屈，右腿屈膝提起，腳尖下垂；同時右手握劍立刃向前伸送與胸同高，臂自然伸直，劍尖略低於手；左手劍指經上向前附於右前臂內側。目視劍尖。

（圖62）

62

右腳向右前方落步，上體略右轉成右弓步。同時右手握劍前伸，手心轉向下再屈肘向右後帶劍至右肋前，劍尖斜朝前；左手劍指仍附於右前臂內側。目視劍尖。（圖63、64）

隨重心前移，左腳收至右
腳內側；同時右手握劍先向後
收再向前伸送。（圖65）

左腳向左前
方上步，重心前
移成左弓步；同
時前臂外旋，手
心朝上，屈肘向
左後帶劍至左肋
前，劍尖斜朝
前；左手劍指經
下向左向上，臂
呈弧形舉於頭側
上方，手心斜朝
上。目視前方。
（圖66、67）

【動作要點】

　　①帶劍指平劍由前向斜後方抽割，力點沿劍刃由後向前滑動。帶劍時臂先伸後屈，腕高不過胸，劍尖斜向前，隨屈腿前弓向右後或左後抽帶。弓步與帶劍應協調一致。

　　②弓步方向斜向前方，帶劍斜向後方，劍尖前後移動應大體保持在中線附近，不可左右擺動過大。

【易犯錯誤】

　　①帶劍動作不準確，做成左右掃擺，或左右前推。

　　②定勢時上體俯身低頭。

　　③送劍時右手過早翻轉。

弓步劈劍

隨重心前移，右腳擺步向前，屈膝半蹲；左腿自然伸直，腳跟提起，上體右轉；同時右手握劍向右後方下截；左手劍指屈肘向下附於右肩前，手心斜朝下。目視劍尖。（圖68）

上體左轉，左腳向前上步成左弓步；同時右手握劍經上向前劈劍，與肩同高；左手劍指經下向左上方畫弧，臂呈弧形舉於頭側上方，手心斜朝外。目視前方。（圖70）

【動作要點】

①回身下截時上步轉體形成交叉步。劍的走勢為平弧向右後下方擺動，手心翻轉向下，右臂與劍成一條斜線。

②整個動作要連貫不停。弓步與劈劍協調一致，方向正西。

【易犯錯誤】

①回身下截做成叉步反撩，手心向後，劍走立圓；或叉步擺腳轉腰不足，上體前俯低頭。

②下截後動作停頓。

③劈劍不平直，斜向下劈。

71

（二十）丁步托劍

隨重心前移，右腿屈膝上提成獨立式；上體右轉並微前傾；同時右手握劍向右後方截劍；左手劍指屈肘擺至右肩前，手心朝下。目視劍尖。（圖71）

71附

　　右腳向前落步，屈膝半蹲，左腳跟步至右腳內側，腳尖點地成左丁步；同時右手握劍向屈肘向上托劍，劍尖朝右；左手劍指附於右腕內側，手心朝前。目視右前方。（圖72、73）

【動作要點】

　　①托劍為立劍由下向上托架，手心向裏，腕與頭平，力達劍下刃。

　　②提膝後截時上體稍前傾，動作不可停頓，左腿支撐不可過直，右腿屈膝前提。截劍斜向右下方，方向為正北偏東。

　　③托劍定勢方向正北偏西。丁步時右腿屈膝半蹲，左腳前掌虛點於右腳內側。

【易犯錯誤】

　　①提膝後截做成立圓後撩。

　　②提膝後截時停頓。

　　③托劍時未屈肘上舉，做後向左抽劍。

　　④托劍與丁步未協調一致。

74

（二十一）分腳後點

　　左腳向左前方上步，腳尖內扣，膝微屈，上體右轉（約90度）。隨以右腳前掌為軸腳跟內轉，膝微屈；右手握劍使劍尖向右、向下畫弧至腕與肩同高，手心斜朝上，劍尖斜向下；左手劍指仍附右腕。目視劍尖。（圖74）

75

　　右腳向後撤步，腿自然伸直，左腳以腳跟為軸，腳尖內扣碾步，屈膝半蹲，身體右轉（約90度）；同時右手握劍，劍尖領先，經下向後畫弧穿至腹前，手心朝外，劍尖朝右，稍低於腕；左手劍指仍附於右腕。目視劍尖方向。（圖75）

隨重心前移，右腿屈膝前弓成右弓步；上體略右轉；同時右手握劍沿右腿內側向前穿刺，與肩同高；左手劍指向左後方畫弧擺舉，與肩同高，手心朝外。目視劍尖。（圖76）

隨重心前移，左腳向右腳併步，兩腿屈膝半蹲，上體略左轉；同時右手握劍，劍柄領先，向上、向左畫弧帶劍至左胯旁，手心朝內，劍尖朝左上方；左手劍指向上畫弧，在頭側與右手相合後，屈肘下落附於右腕內側。目視左後方。（圖77）

左腿自然伸直；右腿屈膝提起，腳尖自然下垂；上體右轉（約 90 度）；同時右手握劍使劍尖在體左側立圓畫弧至後下方時，以劍柄領先，前臂內旋，提劍上舉至頭前上方，手心朝右，劍尖朝前下方；左手劍指外旋，向前下方伸出至右腳踝內側前方，手心朝前上方。目視前方。（圖78）

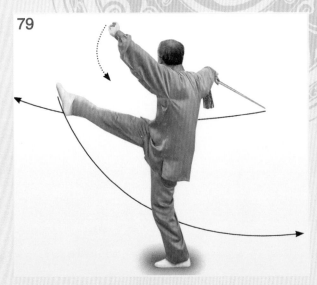

右腳向前擺踢成分腳；同時上體向右擰轉，隨轉體右手握劍經上向右後方點劍，腕同肩高；左手劍指向左上方擺舉，臂呈弧形舉於頭側上方，手心斜朝上。目視劍尖。（圖79）

【動作要點】

①弓步與穿刺協調一致；提膝與提劍協調一致；分腳與後點劍協調一致。繞劍、提劍走成一個立圓。碾腳轉身，撤步弓腿轉換要輕靈順接。

②整個動作要連貫圓活，一氣呵成。

③定勢時上體保持中正，分腳方向正西，點劍方向東北。

【易犯錯誤】

①動作轉接生硬停頓，重心不穩。

②穿劍時仆步下蹲。

③併步繞劍上體未左轉，繞劍不貼身。

④提劍時劍指距劍刃太近，形成捯劍。

⑤分腳點劍時仰體送髖，劍指側撐。

（二十二）仆步穿劍

左腿屈膝半蹲，右腿屈膝向後退步成左弓步；同時上體左轉，隨轉體右手握劍弧形向體前擺舉，腕同胸高，手心朝上，劍身平直，劍尖朝前；左手劍指下落，屈肘附於右前臂內側，手心朝下。目視劍尖。（圖80）

80

隨身體重心後移，兩腳掌為軸碾步，身體右轉（約90度）成右橫襠步；同時右手握劍經胸前向右擺舉斬劍，臂微屈，手心朝上，劍尖略高於腕；左手劍指向左分展側舉，與腰同高，臂微屈，手心朝外。目視劍尖。（圖81）

重心左移，成左橫襠步；上體略左轉；同時右手握劍屈臂抽舉至頭前上方，手心朝內，劍身平直，劍尖朝右；左手劍指向上擺舉，附於右腕內側，臂呈弧形，手心朝前。目視劍尖。（圖82）

左腿屈膝全蹲成右仆步，上體略右轉；同時右手握劍向下置於襠前，手心朝外，使劍立劍落至右腿內側，劍尖朝右；左手劍指仍附於右腕；目視右側方向。（圖83）

83

83附

84

隨重心右移，右腳尖外展，左腳尖內扣碾步成右弓步；同時身體右轉（約90度），隨轉體右手握劍沿右腿內側向前立劍穿出，腕同胸高，臂自然伸直，手心朝左；左手劍指仍附於右腕內側。目視前方。（圖84）

【動作要點】

①持劍右斬左舉要與重心右左轉換相協調，重心保持平衡，上體不可搖晃。

②劍沿腿、臂或身體順劍尖方向伸出為穿劍。穿劍多與刺劍連接形成攻擊動作，力點在劍尖。本勢定勢方向正東。

③仆步時一腿屈膝全蹲，腳尖與膝關節稍外展；另一腿向體側自然伸直，貼近地面，腳尖內扣。兩腳皆全腳踏地，不可掀腳拔跟。上體可稍向前傾。

【易犯錯誤】

①仆步時彎腰抬臀，掀腳拔跟。

②退步斜向右後方，造成定勢方向偏北或上體緊張歪扭。

（二十三）

蹬腳架劍

右腳尖外展，重心前移，左腳跟提起；身體右轉；同時右手持劍向右後方帶劍至頭前上方（腕距右額約10公分），手心朝外，劍尖朝前；左手劍指屈肘附於右前臂內側，手心朝右。目視前方。（圖85）

右腿自然直立，左腳經右腳踝內側屈膝提起，腳尖自然下垂；同時右手握劍略向上舉。目視前方。（圖86）

左腳以腳跟為力點向前蹬腳；同時右手握劍上架，臂微屈；左手劍指向前指出，臂自然伸直，腕同肩高，手心朝前，指尖朝上。目視前方。（圖87）

【動作要點】

①定勢時劍尖、劍指、蹬腳保持同一方向。左臂、左腿上下相對；劍指、劍尖上下相對。上體保持正直舒展，平衡穩定。

②蹬腳高於水平；架劍高過頭頂；劍身保持水平；劍指經下頦前指出。

（二十四）提膝點劍

左腿屈膝成右獨立步，上體略右轉；同時右手握劍經上向右前下方點劍，劍尖與膝同高；左手劍指屈肘右擺，附於右前臂內側，手心朝下。目視劍尖方向。（圖88）

【動作要點】

　　①右腿屈膝、扣腳與點劍協調一致。

　　②定勢獨立站穩。左膝屈膝高提，小腿內收，腳尖內扣。上體轉向西南，略向前傾。點劍方向亦為西南。

【易犯錯誤】

　　①點劍時左腿未隨上體轉扣，敞襠開胯。

　　②點劍時上體未右轉，形成側身後點。

　　③屈腿團身，提膝不過腰。

（二十五）仆步橫掃

　　右腿屈膝全蹲，左腳向左後方落步成左仆步；上體略左轉；同時左手劍指屈肘內旋，經左肋向後反插至左腿外側，手心朝後；右手握劍沉腕下落至右膝前上方，手心朝上。目視劍尖。（圖89、90）

隨身體重心左移，身體左轉（約90度），左腿屈膝，腳尖外展，右腳跟外展碾步成左弓步；同時右手握劍向左平掃，腕同腰高，手心朝上，臂微屈，劍尖朝前下方略低於腕；左手劍指經左向上畫弧，臂呈弧形舉於頭側上方，手心斜朝上。目視劍尖。（圖91）

【動作要點】

①掃劍為轉腰揮臂，平劍由後向前、向左畫弧掃擺，力在劍刃，高度可為腰、腿、踝等部位。本勢掃劍由仆步轉弓步，高度由踝升至腰部。

②定勢弓步斜向東北，劍尖擺至正西。

③仆步時稍微停頓，使動作盡量準確充分。

④轉接弓步時轉髖、立腰、落臀，右腳也可做成腳尖內扣。

【易犯錯誤】

①左腳向後落步時右腿未屈蹲，左腳未能沿地面伸出，形成後舉落步。

②仆步不規範，右腿未全蹲，上體弓腰抬臀。

③仆步轉弓步時俯身突臀，低頭彎腰。

92

（二十六）
弓步下截

身體重心前移，右腳收至左腳內側（腳不觸地）；同時右手握劍內旋畫弧撥劍，腕同腰高，手心朝下，劍尖朝左前下方；左手劍指屈肘下落附於右腕內側，手心朝下。目視劍尖。（圖92）

93

右腳向右前方上步成右弓步，上體略右轉；同時右手握劍向右前方畫弧截劍，臂微屈內旋，腕同胸高，虎口斜朝下，劍尖指向左前下方；左手劍指仍附右腕。目視劍尖。（圖93、94）

94

95

身體重心移至右腿；左腳
收至右腳內側（腳不觸地），
上體右轉；同時右手握劍外旋
畫弧撥劍至右胯旁，手心朝
上，劍尖朝右前下方；左手劍
指附於右腕內側，手心朝下。
目視劍尖。
（圖95）

左腳向左前方上步，重心
前移，右腳跟外展成左弓步，
上體左轉（約45度）；同時
右手握劍向左畫弧截劍至身體

左前方，臂微屈外
旋，腕同胸高，手
心斜朝上；劍尖指
向右前下方；左手
劍指向左上方畫弧
擺舉，臂呈弧形舉
於頭前上方，手心
朝外。目視劍尖。
（圖 96、97）

【動作要點】

①畫弧撥劍時屈
臂翻腕，劍尖形成一
小圓弧。截劍時弓腿
轉腰，動作柔和連
貫。整個過程要以腰
帶臂，以臂領劍，
轉腰旋臂，肘關節屈
伸，劍把左右弧線大
於劍尖弧線。

②定勢右、左弓
步方向斜向東南、
東北，劍尖停於中線
附近。

97

③截劍力點為劍下刃前部，截劍方向斜向右左前下方。

【易犯錯誤】

①握劍生硬，劍尖擺動過大。

②臂屈伸不靈活，形成直臂掃劍。

（二十七）弓步下刺

　　身體重心前移，右腳在左腳後震腳，隨之屈膝半蹲，左腳跟提起；上體略右轉；同時右手握劍屈肘回帶至右肋前，手心朝上，劍尖朝前，略低於手；左手劍指先前伸；復隨右手回帶屈肘附於右腕內側，手心朝下。目視劍尖方向。
（圖98）

　　左腳向左前方上步，重心前移成左弓步；上體左轉發力；同時右手握劍向左前下方刺出，腕同腰高，手心朝上；左手劍指仍附於右腕內側，手心朝下。目視劍尖。
（圖99、100）

【動作要點】

　　①震腳與刺劍均為發力動作。震腳時左腿屈膝支撐，右腿屈收，右腳全腳掌用力向地面震踏，用力沉實完整。隨之重心移向右腿，上體右轉兩手屈合，將劍收至腰間。

　　②刺劍發力時轉腰沉胯，順肩伸臂，力達劍尖，鬆彈快速地將劍向前下方刺出。

　　③定勢方向為東北。

【易犯錯誤】

　　①震腳前抬腳過高，兩腳騰空換跳。震腳後左腳全腳提收於右腳內側。

　　②刺劍發力與轉腰蹬腿脫節；發力前右手附加屈收拉劍動作。

（二十八）左右雲抹

隨身體重心前移，右腳收至左腳內側（腳不觸地），身體略左轉；同時右手握劍沉腕略向左 帶，腕同腰高，臂微屈，手心朝上，劍尖略低於手；左手劍指略向左帶後經胸前向右畫弧合於右臂上方，手心朝右。目視劍尖。（圖101）

右腳向右上步成右橫襠步，上體右轉；同時右手握劍向右上方畫弧削劍，臂微屈；左手劍指向左畫弧分展舉於左前方，與胸同高，手心朝外。目視劍尖。（圖102、103）

上體略右轉，身體重心右移；繼而上體略左轉，左腳向右蓋步，膝微屈；右腳在左腳即將落地時蹬地，屈膝後舉於左小腿後，腳尖下垂（離地面約 10 公分）；同時右手握劍在面前逆時針畫弧雲劍，擺至體前左側，腕同胸高，臂微屈，手心朝下，劍尖朝左前方；左手劍指與右手在胸前相合，附於右腕內側，手心朝下。目視劍尖。（圖104）

　　右腳向右上步成右弓步，
上體右轉；同時右手握劍向右
抹劍至右前方，手心朝下；左
手劍指仍附於右腕內側。目視
劍尖。（圖105、106）

身體重心右移，左腳收至右腳內側（腳不觸地），身體略右轉；同時右手握劍屈肘右帶，腕同腰高，劍尖朝左前；左手劍指仍附於右腕內側。目視前方。（圖107）

左腳向左上步成左弓步，上體左轉；同時右手握劍向前伸送後向左平擺，腕同胸高，手心朝下，劍尖朝前；左手劍指經前向左畫弧擺舉至體左側，手心朝外。目視劍尖。（圖108、109）

109

110

　　身體重心左移，右腳向左
蓋步；右腳將落地時，左腳蹬
地，屈膝後舉於右小腿後，腳
尖下垂（離地約 10 公分）；
上體略右轉；同時右手握劍在
面前順時針畫圓雲劍，擺至體
前右側，腕同胸高，手心朝
上，劍尖朝右前方；左手劍指
在雲劍時向右與右手相合，附
於右腕內側，手心朝下。目視
劍尖。（圖110）

左腳向左上步成左弓步，上體略左轉；同時右手握劍向左抹劍，手心朝上；左手劍指向左畫弧，臂呈弧形舉於頭側上方。目視劍尖。（圖111、112）

【動作要點】

①雲劍時以腕關節為軸，屈腕旋繞，使劍在頭前方或上方平圓環繞，以撥開對方進攻。

②抹劍為平劍自左向右或自右向左畫弧抽割。抹劍時劍把領劍，力點沿劍刃自後向前滑動。

③蓋步為一腳經支撐腳前向異側橫落。本勢蓋步在將落地時，支撐腳蹬地，屈膝後舉，兩腳有短暫地換跳過程，動作要輕靈、平緩、柔和。蓋步腳應稍偏前落地，呈之字形行進以利身體鬆正穩定。

④定勢弓步方向分別為正南和正北。

【易犯錯誤】

①雲劍時舉劍過頭，擺臂揮舞形成纏頭動作。

②蓋步過於側落，上體歪扭，兩腿交叉，重心不穩。

③蓋步時兩腳未有騰空換跳，形成走步。

④抹劍時直臂揮擺，劍尖向前，做成斬劍。

（二十九）弓步劈劍

　　身體重心前移，右腳收至左腳內側（腳不觸地）；身體左轉；同時右手握劍，劍刃領先經下向左後方畫弧掄擺至左腹前，臂微屈，手心斜朝上，劍尖朝左後下方，與胯同高；左手劍指屈肘向下落於右前臂上，手心朝外；目視劍尖。（圖113）

右腳向右前上步成右弓步，上體略右轉；同時右手握劍經上向前畫弧劈劍，腕同胸高，劍臂一線；左手劍指經下向左畫弧，臂呈弧形舉於頭側上方，手心朝外。目視劍尖。（圖114、115）

【動作要點】

①掄劍與收腳一致；舉劍與上步一致；劈劍與弓步一致。整個動作要連貫協調。

②定勢時右臂與右腿上下相對；劈劍與弓步方向皆為東南。

【易犯錯誤】

①掄劍時未轉腰扭頭，劍與神不合。

②劈劍時上體歪扭，右臂與右腿不合。

③弓步與劈劍不協調，速度腿快手慢。

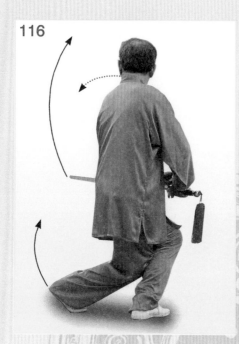

（三十）後舉腿架劍

身體重心前移，左腳擺步向前，屈膝半蹲；右腳跟提起，上體左轉；同時右手握劍向左掛劍，腕同腰高，劍尖朝左；左手劍指屈肘下落附於右前臂上，手心朝外。目視左下方。（圖116）

左腿直立，右腿屈膝，後舉小腿，腳面展平同臀高，上體略右轉；同時右手握劍上架（離頭部約 10 公分）；劍尖朝左；左手劍指經面前向左擺舉，臂微屈，指尖朝上。目視劍指。（圖117）

【動作要點】

①此勢為平衡動作,獨立支撐站穩;上體保持正直並向左後扭轉。

②劍指、劍尖、後舉腿及目視方向皆為同一方向,指向西北。

③架劍時臂先屈後伸,舉劍至頭上方,劍身保持水平。

④架劍與後舉腿及劍指動作協調一致。

【易犯錯誤】

①劍尖、劍指、後舉腿、目視方向互不一致。

②定勢時上體前俯,弓腰低頭,站立不穩。

③後舉腿時小腿屈收不緊,腳面未展平。

(三十一) 丁步點劍

左腿屈膝,身體略右轉;右腳向右落步,腳跟著地,腿自然伸直;同時右手握劍略向右擺舉使劍尖斜向上,高於右腕。目視左前方。(圖118)

118

重心右移，身
體右轉，右腳踏
實，屈膝半蹲，左
腳跟至右腳內側，
腳尖點地成左丁
步；同時右手握劍
向前下點擊，腕同
胸高；左手劍指經
體前向右畫弧屈肘
附於右腕內側。目
視前方。（圖119）

【動作要點】

①丁步與點劍協調一致。

②定勢方向為東南。

【易犯錯誤】

①丁步與點劍不協調，快
慢不一。

②點劍時右臂不直；握劍
生硬，腕關節屈提不充分。

（三十二）馬步推劍

左腳向左後方撤步，左腿
屈膝，隨身體重心後移，右腳
掌擦地收撤半步，腳跟提起，
腿微屈，上體向右擰轉；同時
右手握劍，虎口朝上，屈肘收
至右肋旁，劍身豎直，劍尖朝
上；左手劍指附於右腕，手心
朝下。目視右劍。（圖120）

左腳蹬地，隨身體重心前移，右腳向右前方上步，腳尖內扣，左腳隨之滑動跟進，兩腿屈膝半蹲成馬步；上體左轉；同時右手握劍向右前方發力平推，腕同胸高，劍尖朝上，力貫劍刃；左手劍指經胸前向左推舉，手心朝外，指尖朝前，與肩同高；目視右劍。（圖121）

121

【動作要點】

①本勢為第三次發力劍法。發力前要收腳轉腰蓄勁，隨之快速展放，冷彈爆發。推劍時轉腰、屈腿、沉胯，快速發力，並與馬步協調一致。

②推劍為立劍由內向外推擋或推擊，力點在劍刃後部，劍身保持豎直。

③右腳收撤與左腳跟進皆要沿地面滑動，腳不離地。滑動距離根據需要靈活掌握。

④馬步時兩腳平行分開，左右約三腳寬，腳尖向前，屈腿半蹲，沉髖收臀，頂頭立腰，上體保持正直。本勢馬步腳尖與胸向皆朝向東北。

【易犯錯誤】

①收劍不緊，上體不轉，蓄勁無力。

②推劍時右腳上步過小，發力與轉腰蹬腿不合。

③馬步時兩腳尖外撇，敞襠開胯；上體前俯，突臀弓腰。

（三十三）獨立上托

身體重心左移，右腳向左插步，身體右轉；同時右手握劍以腕為軸，外旋翻轉手腕，使劍尖經下向後、向上在體右側立圓畫弧至頭部右側，劍尖朝右上方，虎口仍朝上，腕同胸高；左手劍指略向前擺舉。目視右前方。（圖122）

隨身體重心後移，兩腿屈膝下蹲，並以左腳跟、右腳掌為軸碾步，身體右後轉（約180度）；同時右手握劍前臂內旋，劍柄領先向下、向右後方畫弧擺舉至右膝前上方，劍尖朝前；左手劍指屈肘向右附於右腕內側，手心朝下。目視劍尖。（圖123）

上體略右轉，右腿自然直立，左腿屈膝提起成右獨立勢；同時右手握劍臂內旋向上托舉停於右額側上方（約10公分）。劍身平直，劍尖朝前；左手劍指屈肘附於右前臂內側，手心朝外。目視左側。（圖124）

【動作要點】

①挽劍時完全以腕、指著力成腕花，握劍要鬆活，使劍柄在掌中靈活轉動。

②碾腳轉身時屈腿轉髖，上體保持正直。

③向上托劍時右臂內旋，先屈後伸，向上舉架過頭，並與提膝獨立協調一致。

④定勢保持平衡穩定，立腰頂頭，沉肩舒臂。方向正西。

（三十四）進步掛點

左腳前落擺步，隨身體重心前移，右腳跟提起，上體略左轉；同時右手握劍向左下方畫弧掛劍，手心朝內；左手劍指屈肘附於右上臂內側，手心朝外。目視劍尖方向。（圖125）

隨身體重心前移，右腳擺步向前，上體略右轉；同時右手握劍經上向前畫弧，前臂外旋，手心朝上，劍尖朝前，低於右腕；左手劍指仍附於右前臂內側，手心朝右，目視劍尖。（圖126）

身體重心前移，右腳踏實，左腳跟提起，上體右轉；同時右手握劍向右畫弧穿掛劍，手心朝外；左手劍指向上，臂呈弧形舉於頭上方，手心朝左。目視劍尖方向。（圖127）

隨身體重心前移，
左腳外擺向前上步，腳
跟著地；身體略左轉；
同時右手握劍向上伸
舉，手心朝上，腕同頭
高，劍尖朝後下方；左
手劍指下落至與肩同
高，手心朝外。目視前
方。（圖128）

隨身體重心
前移，左腳踏
實，屈膝半蹲，
右腳向右前方上
步成右虛步；上
體左轉（約 90
度）；同時右手
握劍經上向右前
下方點劍；左手
劍指經下向左畫
弧，臂呈弧形舉
至頭側上方，手
心朝外。目視劍
尖。（圖129）

【動作要點】

①掛劍為立劍後勾，劍尖由前向下向後貼身畫立圓勾掛，以劍身格開對方進攻。掛劍力點在劍身前部。掛劍時應轉腰、旋臂、屈腕，做到身械協調，動作連貫。

②本勢左右掛劍行進方向為向西擺腳上步；虛步點劍方向應斜向西偏北約30度。

【易犯錯誤】

①掛劍時劍離身體過遠，或屈腕不夠，劍身與右臂成直線，形成掄劍。

②轉體不充分，掛劍偏向南北兩側。

③虛步點劍手腳未協調一致；方向未斜向西北。

130

（三十五）歇步崩劍

右腳跟內轉踏實，右腿屈膝半蹲；左腳跟提起，身體重心前移；上體右轉；同時右手握劍翹腕向下沉帶至右胯旁，手心朝內，劍尖朝左上方；左手劍指屈肘下落附於右腕上，手心朝下。目視右前下方。（圖130）

右腿屈膝；左
腳向左前扣腳上步
成右側弓步，上體
右後轉；同時右手
握劍經下向右畫弧
反撩，腕同胸高，
手心朝後，劍尖朝
右；左手劍指經下
向左畫弧擺舉至與
肩平。目視劍尖。
（圖131）

131

重心後移，右
腳向左腳後插步成
歇步；身體右轉；
同時右手握劍外
旋，變虎口朝上後
沉腕崩劍，腕同腰
高；左手劍指向
上，臂呈弧形舉於
左上方，手心斜朝
上。目視右前方。
（圖132）

132

【動作要點】

①本勢步法經過碾腳、扣腳、插步、屈蹲一系列變化，並
加向後轉身過程，動作銜接應做到連貫圓活，一氣呵成。

②步法行進方向仍沿西偏北斜線，定勢為歇步目視東偏
南。

③上崩劍是沉腕上翹，劍身斜向前上方，劍尖略高於頭。

（三十六）弓步反刺

右腳踏實，右腿伸起直立，左腿屈膝提起，腳尖下垂；上體稍左傾；同時右手握劍屈肘側舉，腕低於胸，使劍身斜置於右肩上方，手心朝前，劍尖朝左上方；左手劍指下落，與肩同高。目視右前方。（圖133）

135

左腳向左落步，成左弓步，上體略向左轉；同時右手握劍向前上方探刺；左手劍指向右與右臂在體前相合，附於右前臂內側。目視劍尖。（圖134 135）

【動作要點】

①反刺劍為右臂內旋，虎口向下，反手立劍向前刺出。本勢為探身反刺，上體應向前伸探，並稍向左傾轉。右臂與劍成一直線，刺向前上方。

②定勢方向斜向西偏北約30度。

【易犯錯誤】

①左腳落步過重，弓步與刺劍未協調一致。

②上體未向前探身側傾。

③低頭下視。

（三十七）轉身下刺

隨身體重心後移，身體右轉，左腳尖內扣；同時右手握劍屈肘回帶至左肩前，手心朝內，劍尖朝右；左手劍指附於右腕內側；手心朝外。目視右側。（圖136）

身體重心左移，右腳屈膝提起，腳尖下垂；以左腳掌為軸碾步，身體右後轉；同時右手握劍向右擺經右肩前落至腰間，劍尖向下畫弧至右膝外側，手心朝上，劍尖斜朝下；左手劍指仍附於右腕上。目視劍尖。（圖137）

隨身體右後轉
（約180度），右腳
向右前方落步成右
弓步；同時右手握
劍向前下方刺出，
腕同腰高，手心朝
上；左手劍指附於
右腕上，手心朝
下。目視劍尖。
（圖138）

【動作要點】

　　①扣腳收劍時右臂先外旋，再屈肘屈腕回收至左肩前。

　　②提腳轉身要靈活連貫。

　　③弓步與下刺協調一致。定勢時上體稍向前傾，方向為西
南。

【易犯錯誤】

　　①收劍時舉劍平雲，形成纏頭。

　　②轉身不到位，右腳退步落地。

（三十八）提膝提劍

　　身體重心後移，上體左轉；左腳尖外擺，屈膝半蹲，右腿自然伸直；同時右手握劍，以劍柄領先，屈臂外旋，向左上方帶劍（距頭部約20公分），手心朝內，劍尖朝右；左手劍指附於前臂內側，手心朝外。目視劍尖。
（圖139）

　　身體重心右移，右腿屈膝，左腿自然伸直，左腳跟外轉，上體略右轉；同時右手握劍，劍柄領先，前臂內旋，手心朝下，經腹前擺至右胸前（約 30公分），使劍尖經上向右前畫弧，劍尖低於腕；左手劍指附於右腕內側，手心朝外。目視劍尖。（圖140）

左腿屈膝提起成右獨立
步；上體略右轉並稍前傾；同
時右手握劍，劍柄領先，向
右、向上畫弧提劍，臂呈弧形
舉於右前方，腕同額高，手心
朝外，虎口斜朝下，劍尖置於
左膝外側；左手劍指經腹前向
左畫弧擺舉，與腰同高，手心
朝外。目視左前方。（圖141）

【動作要點】

①左右帶劍要在體前繞成
立圓，並與重心移動和轉腰協
調配合，動作要圓活連貫。

②提膝提劍時上體要舒
展，並微向左轉和前傾；兩臂要對稱撐開；重心保持穩定；
目視方向東南。

③提劍時右臂內旋，劍指沿劍面分開。

（三十九）

行步穿劍

右腿屈膝，左腳
向左落步，腳跟著
地，上體左轉；同時
右手握劍，手心轉向
上，劍尖領先，經左
肋前左臂下向左、向
前穿劍，腕與腰同
高，劍尖朝前；左手
劍指向右上方畫弧擺
舉至右肩前，手心朝下。目視劍尖。（圖142）

隨身體重心前
移，左腳踏實，膝
微屈，右腳向右前
方擺步，上體右
轉；同時右手握
劍，劍尖領先，向
前、向右畫弧穿
劍，腕與胸同高，
劍尖朝右；左手劍
指經胸前向左分展
側舉，臂呈弧形，
手心朝外。目視劍
尖。（圖143）

隨身體重心前
移，左腳向右扣
步，上體略右轉；
兩手動作不變。目
視劍尖。（圖144）

隨身體重心
前移，右腳向右
擺步，上體略右
轉；兩手動作不
變。目視劍尖。
（圖145）

隨身體重心前移，左腳向右扣步，上體略右轉；兩手動作
不變。目視劍尖。（圖146）

【動作要點】

①行步共走5步，軌跡走
成圓形。行步時重心要平穩；
左腳上步內扣，右腳上步外
擺；沉胯擰腰，上體右轉；目
視劍尖。

②最後一步左腳扣向東
南，上體也扭向東南。

③穿劍時劍尖先向左穿
伸，再畫弧轉向右側穿伸。

【易犯錯誤】

①行步飄浮，重心起伏。

②行步時轉腰不夠，軌跡
半徑過大，行走5步不到位。

③穿劍時劍刃觸及身體。

147

（四十）擺腿架劍

右手握劍，前臂內旋經面前使劍尖在頭前方逆時針畫弧，屈肘向左擺至左肋前，劍尖朝左上方；當右手握劍左擺至面前時，右腳外擺腿，下落至水平時屈收小腿；左手劍指向上，在面前與右手相合，屈肘附於右腕內側，手心朝下。目視前方。（圖147、圖148）

左腿屈膝，右腳向右前方落步，身體略右轉；同時右手握劍經前右畫弧抹劍，腕與胸同高，手心朝下，劍尖朝左；左手劍指附於右前臂內側，手心朝下。目視劍身前端。（圖149、150）

148

149

右腿屈膝前弓，左腳跟外展成右弓步，上體略左轉；同時右手握劍上舉架劍，劍尖朝左前；左手劍指隨右手上舉後經面前向左前指出，指尖朝上，與鼻同高。目視劍指方向。（圖151）

150

【動作要點】

①外擺腿時左腿微屈站穩；右腿從左側擺起，經胸前向右呈扇形外擺，腳面展平，高度不低於肩。同時與擺劍翻扣協調配合。

②向左擺劍時應旋臂翻扣，使劍身在頭前呈扇形內合擺動。

③右手領劍抹至右膝上方即屈收上架，動作銜接要合順。架劍前指與弓步協調一致。

④定勢弓步方向西南，劍尖、劍指及目視方向為東南。

【易犯錯誤】

①擺腿過低；擺幅過小；髖關節緊張；擺腿後獨立不穩。

②擺劍過高，揚臂舉手。

③抹劍過大，舉劍上架做成反刺。

④定勢扭髖轉胯做成側弓步。

⑤劍指沿劍刃前指，形成捋劍。

⑥定勢時腿快手慢，弓步與架劍前指脫節。

151

（四十一）弓步直刺

　　身體重心移至右腿，左腳收提至右腳內側（腳不觸地）；同時右手握劍經右向下收至右胯旁，虎口朝前，劍尖朝前；左手劍指經左向下收至左胯旁，手心朝下，指尖朝前。目視右前方。（圖152）

　　左腳向前上步成左弓步；上體略左轉；同時右手握劍立刃向前直刺；左手劍指在胸前與右手相合，附於右腕內側後向前伸送，手心斜向下。目視前方。（圖153、154）

【動作要點】

　　①收劍收腳時上體右轉，兩手畫弧下落。

　　②刺劍為立劍，高與肩平。刺劍與弓步方向與起勢相同。

【易犯錯誤】

　　①刺劍時腿快手慢，上下不合。

　　②收劍時上體無旋轉，動作不靈活。

　　③定勢時上體前傾或後仰。

（四十二）收　勢

　　身體重心後移，右腿屈膝，上體右轉；同時右手握劍屈肘向右抽帶至右胸前；左手劍指仍附右腕隨之右移，兩手心相對（準備接劍），劍身微貼左前臂外側。目視前方。（圖155）

　　上體左轉，重心前移，左腿屈弓成弓步；同時左劍指變掌接劍（反握），隨之經腹前向左擺於左胯旁，手心朝後，劍身豎直，劍尖朝上；右手變劍指經下向右後方畫弧，隨屈肘舉至頭右側，手心朝前，指尖朝上，與頭同高。目視前方。（圖156）

157

右腳上半步，與左腳平行，相距同肩寬，兩腿自然伸直成開立步；同時右手劍指經胸前向下落於身體右側。目視前方。（圖157）

左腳向右腳併攏，身體自然站立，兩臂垂於體側。目視前方。（圖158）

158

【動作要點】

①接劍換握要順利交接。

②整個動作要連貫、圓活、柔緩、均勻。

③併步還原後上體仍保持鬆正舒展，稍停再放鬆走動。

【易犯錯誤】

①接劍中途停頓。

②收勢動作勿忙。併步站立後身體立即鬆懈。

③收劍後左手反持，劍身未保持豎直。

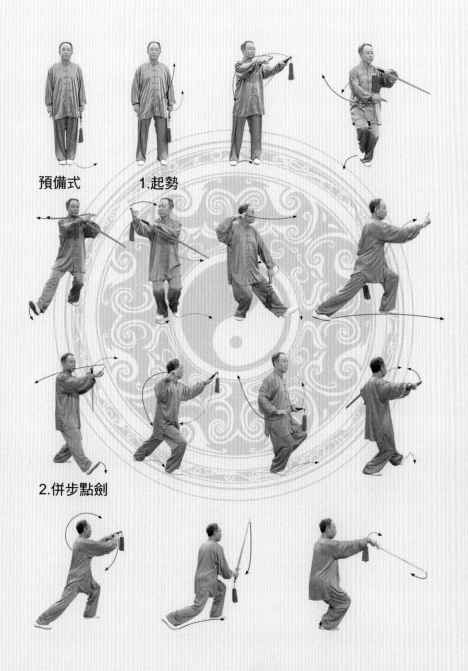

預備式　　　　1.起勢

2.併步點劍

3.弓步削劍

4.提膝劈劍

5.左弓步攔

6.左虛步撩

7.右弓步撩

8.提膝捧劍

9.蹬腳前刺

10.跳步平刺

11.轉身下刺

12.弓步平斬

13.弓步崩劍

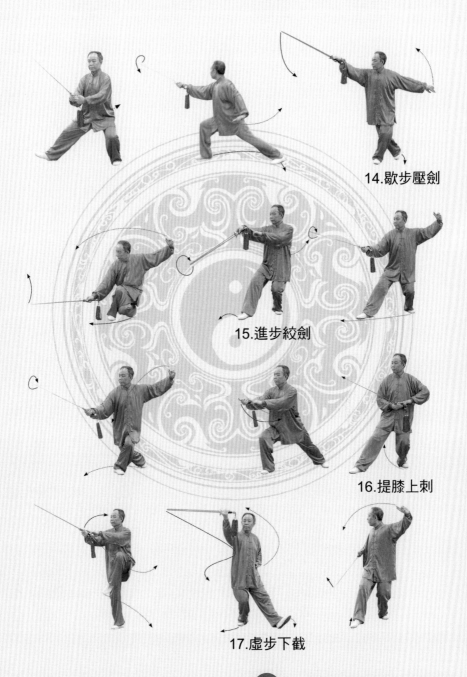

14.歇步壓劍

15.進步絞劍

16.提膝上刺

17.虛步下截

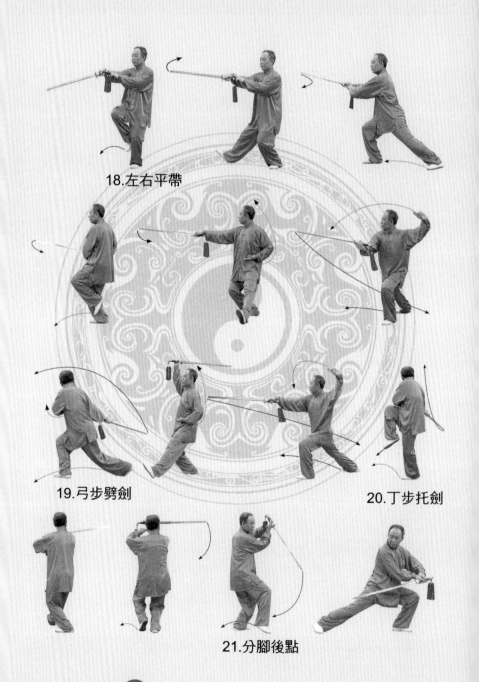

18.左右平帶

19.弓步劈劍　　　　　　　20.丁步托劍

21.分腳後點

22.仆步穿劍

23.蹬腳架劍

24.提膝點劍

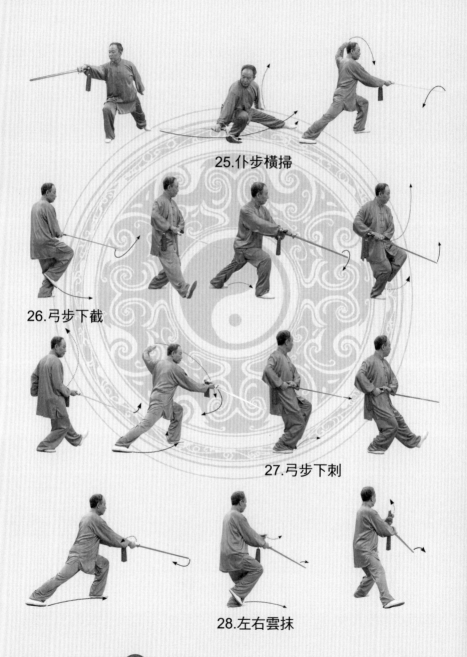

25.仆步橫掃

26.弓步下截

27.弓步下刺

28.左右雲抹

29.弓步劈劍

30.後舉腿架劍

31.丁步點劍

32.馬步推劍

33.獨立上托

34.進步掛點

35.歇步崩劍

36.弓步反刺

37.轉身下刺

38.提膝提劍

39.行步穿劍

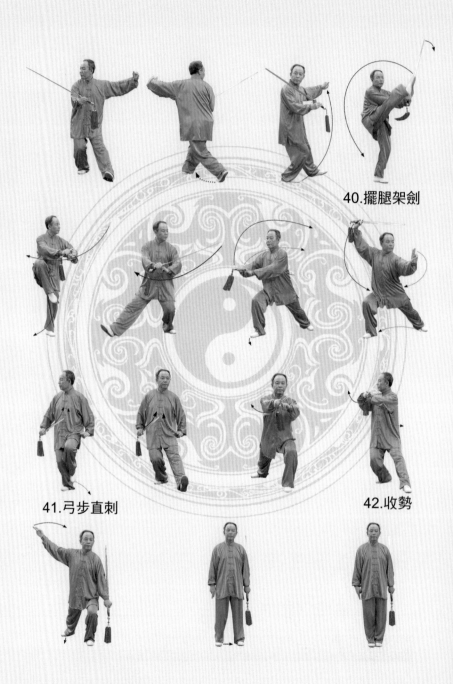

40.擺腿架劍

41.弓步直刺

42.收勢

導引養生功 系列叢書

張廣德養生著作

每冊定價 350 元

全系列為彩色圖解附教學光碟

彩色圖解太極武術

1 太極功夫扇

定價220元

2 武當太極劍

定價220元

3 楊式太極劍

定價220元

4 楊式太極刀

定價220元

5 二十四式太極拳＋VCD

定價350元

6 三十二式太極劍＋VCD

定價350元

7 四十二式太極劍＋VCD

定價350元

8 四十二式太極拳＋VCD
定價350元

9 楊式十八式太極劍

定價350元

10 楊氏二十八式太極拳＋VCD
定價350元

11 楊式太極拳四十式＋VCD

定價350元

12 陳式太極拳五十六式＋VCD

定價350元

13 吳式太極拳五十六式＋VCD

定價350元

14 精簡陳式太極拳八十十六式

定價220元

15 精簡吳式太極拳三十六式 拳架・推手

定價220元

16 夕陽美功夫扇

定價220元

17 綜合四十八式太極拳＋VCD

定價350元

18 三十二式太極拳 四段

定價220元

19 楊式三十七式太極拳＋VCD

定價350元

20 楊氏五十一式太極劍＋VCD

定價350元

古今養生保健法　強身健體增加身體免疫力

養生保健 系列叢書

1 醫療養生氣功

定價250元

中國氣功圖譜
定價250元

3 少林醫療氣功精粹

定價250元

4 龍形實用氣功
定價220元

5 魚戲增視強身氣功

定價220元

7 道家玄牝氣功

定價200元

8 仙家秘傳袪病功

定價160元

少林十大健身功
定價180元

10 中國自控氣功
定價250元

11 醫療防癌氣功
定價250元

12 醫療強身氣功
定價250元

13 醫療點穴氣功
定價250元

14 中國八卦如意功
定價180元

正宗馬禮堂養氣功
定價420元

16 秘傳道家筋經內丹功
定價300元

17 三元開慧功
定價250元

18 防癌治癌新氣功
定價180元

19 禪定與佛家氣功修煉

定價200元

20 顛倒之術

定價360元

簡明氣功辭典
定價360元

22 八卦三合功
定價230元

23 朱砂掌健身養生功
定價250元

24 抗老功
定價230元

25 意氣按穴排濁自療法
定價250元

27 健身袪病小功法
定價200元

張氏太極混元功
定價250元

29 中國璇密功
定價250元

30 中國少林禪密功
定價200元

31 郭林新氣功
定價400元

32 八卦之源與健身養生
定價280元

33 現代原始氣功1
定價400元

太極跤

1 太極防身術
定價300元

2 擒拿術
定價280元

3 中國式摔角
定價350元

簡化太極拳

1 陳式太極拳十三式
定價200元

2 楊式太極拳十三式
定價200元

3 吳式太極拳十三式
定價200元

4 武式太極拳十三式
定價200元

5 孫式太極拳十三式
定價200元

6 趙堡太極拳十三式
定價200元

原地太極拳

1 原地綜合太極二十四式
定價220元

2 原地活步太極四十二式
定價200元

3 原地簡化太極拳二十四式
定價200元

4 原地太極拳十二式
定價200元

5 原地青少年太極拳二十二式
定價220元

6 原地兒童太極拳十撞十六式
定價180元

運動精進叢書

1 怎樣跑得快 定價200元	2 怎樣投得遠 定價180元
3 怎樣跳得遠 定價180元	4 怎樣跳的高 定價180元
5 高爾夫揮桿原理 定價220元	6 網球技巧圖解 定價220元
7 排球技巧圖解 定價230元	8 沙灘排球技巧圖解 定價230元
9 撞球技巧圖解 定價230元	10 籃球技巧圖解 定價220元
11 足球技巧圖解 定價230元	12 羽毛球技巧圖解 定價220元
13 乒乓球技巧圖解 定價220元	14 曲線球與飛碟球 定價300元
15 街頭花式籃球 定價280元	16 精彩高爾夫 定價330元

快樂健美站

1 柔力健身球 定價200元	2 自行車健康瘦 定價200元
3 跑步鍛鍊走路減肥 定價200元	4 創造健康的肌力訓練 定價200元
5 舒適超級伸展體操 定價200元	6 水中有氧運動 定價200元
7 雕塑完美身材 定價200元	8 創造超級兒童 定價200元
9 使頭腦變聰明 定價200元	10 防止老化的身體改造訓練 定價200元
11 三個月塑身計畫 定價200元	12 懶人族瑜伽 定價200元
13 忙裡偷閒練瑜伽基礎篇 定價200元	15 健身跑激發身體的潛能 定價200元
16 中華鐵球健身操 定價200元	17 彼拉提斯健身寶典 定價200元
19 瑜伽美姿美容 定價180元	20 豐胸做自信女人 定價200元

傳統民俗療法 系列叢書

品冠文化出版社

1 神奇刀療法
定價200元

2 神奇拍打療法
定價200元

3 神奇拔罐療法
定價200元

4 神奇艾灸療法
定價200元

5 神奇貼敷療法
定價200元

6 神奇薰洗療法
定價200元

7 神奇耳穴療法
定價200元

8 神奇指針療法
定價200元

9 神奇藥酒療法
定價200元

10 神奇藥茶療法
定價200元

11 神奇推拿療法
定價200元

12 神奇止痛療法
定價200元

13 神奇天然藥食物療法
定價200元

14 神奇新穴療法
定價200元

15 神奇小針刀療法
定價200元

常見病藥膳調養叢書

1 脂肪肝四季飲食

定價200元

2 高血壓四季飲食

定價200元

3 慢性腎炎四季飲食

定價200元

4 高脂血症四季飲食

定價200元

5 慢性胃炎四季飲食

定價200元

6 糖尿病四季飲食

定價200元

7 癌症四季飲食

定價200元

8 痛風四季飲食

定價200元

9 肝炎四季飲食

定價200元

10 肥胖症四季飲食

定價200元

11 膽囊炎、膽石症四季飲食

定價200元

品冠文化出版社

歡迎至本公司購買書籍

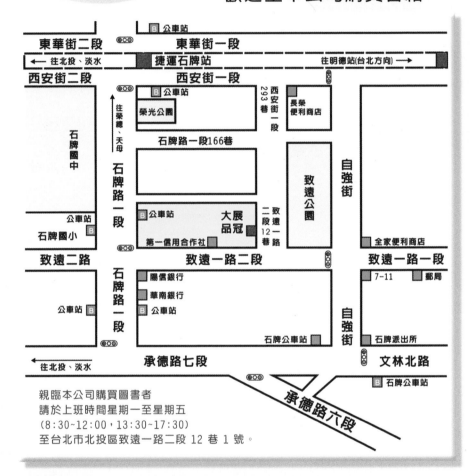

東華街二段　　🅱公車站　東華街一段

← 往北投、淡水　　捷運石牌站　　往明德站(台北方向) →

西安街二段　　　西安街一段

往榮總、天母

🅱公車站
榮光公園

西安街一段293巷

長榮便利商店

石牌國中

石牌路一段

石牌路一段166巷

致遠公園

自強街

🅱公車站
第一信用合作社

大展品冠

二段致遠一路12巷

公車站
石牌國小 🅱

全家便利商店

致遠二路　　　致遠一路二段　　　致遠一路一段

石牌路一段

陽信銀行
華南銀行
🅱公車站

7-11　　郵局

公車站 🅱

自強街

石牌公車站

石牌派出所

往北投、淡水　　承德路七段　　　　文林北路

🅱石牌公車站

承德路六段

親臨本公司購買圖書者
請於上班時間星期一至星期五
(8：30~12：00，13：30~17：30)
至台北市北投區致遠一路二段 12 巷 1 號。

建議路線
1.搭乘捷運
　　淡水線石牌站下車，由出口出來後，左轉(石牌捷運站僅一個出口)，沿著捷運高架往台北方向走(往明德站方向)，其街名為西安街，至西安一段293巷進來(巷口有一公車站牌，站名為自強街口)，本公司位於致遠公園對面。

2.自行開車或騎車
　　由承德路接石牌路，看到陽信銀行右轉，此條即為致遠一路二段，在遇到自強街(紅綠燈)前的巷子左轉，即可看到本公司招牌。